UKULELE

A D E L E   30

ISBN: 978-1-70515-817-3

Visit Hal Leonard Online at
www.halleonard.com

Contact us:
Hal Leonard
7777 West Bluemound Road
Milwaukee, WI 53213
Email: info@halleonard.com

In Europe, contact:
Hal Leonard Europe Limited
42 Wigmore Street
Marylebone, London, W1U 2RY
Email: info@halleonardeurope.com

In Australia, contact:
Hal Leonard Australia Pty. Ltd.
4 Lentara Court
Cheltenham, Victoria, 3192 Australia
Email: info@halleonard.com.au

STRANGERS BY NATURE

WORDS AND MUSIC BY ADELE ADKINS AND LUDWIG GORANSSON

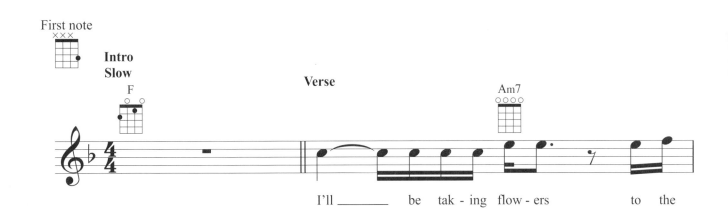

I'll _____ be tak - ing flow - ers to the

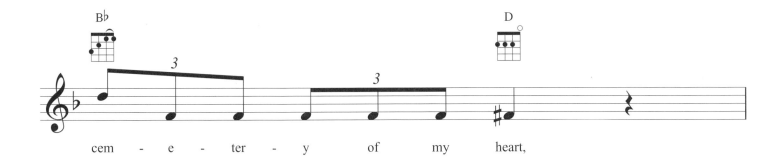

cem - e - ter - y of my heart,

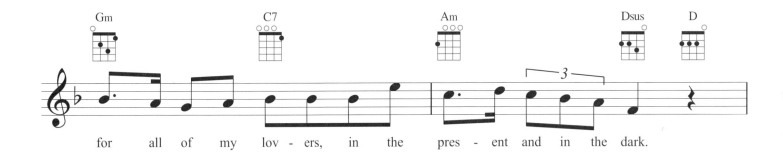

for all of my lov - ers, in the pres - ent and in the dark.

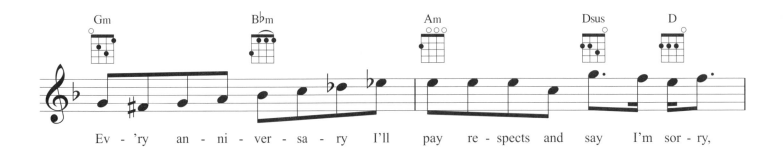

Ev - 'ry an - ni - ver - sa - ry I'll pay re - spects and say I'm sor - ry,

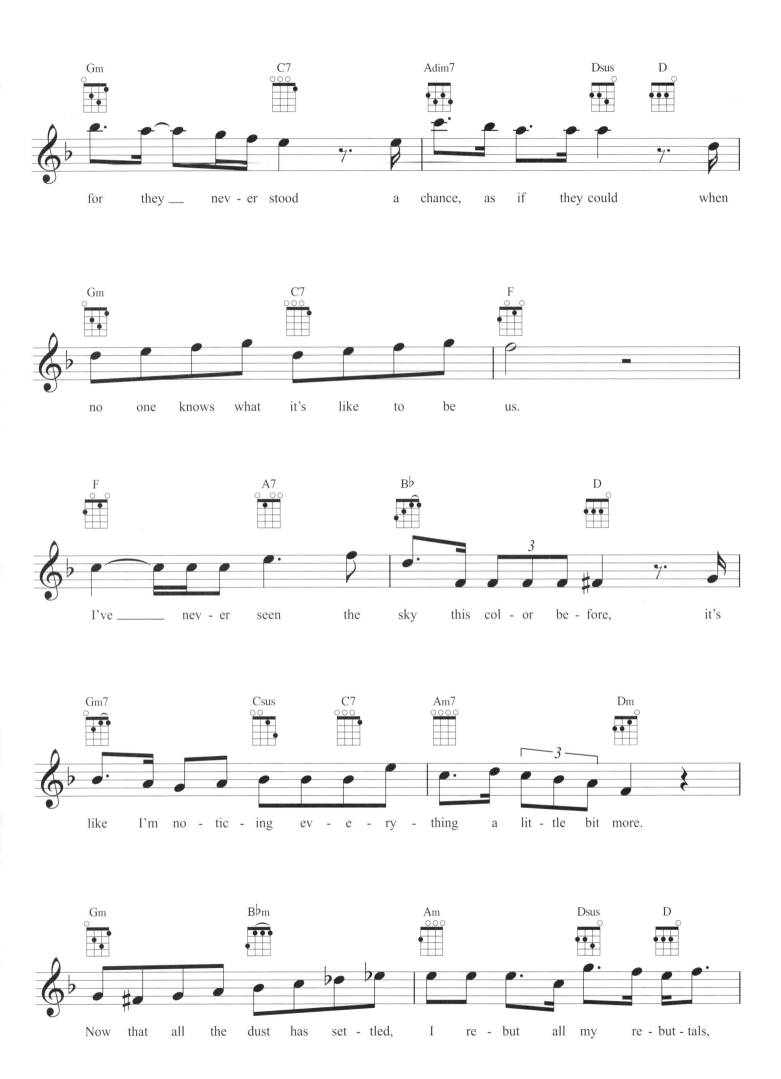

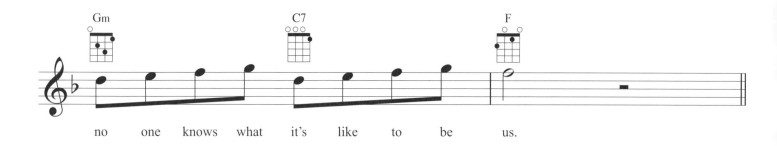

no one knows what it's like to be us.

Chorus

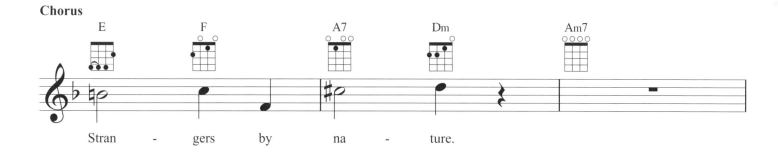

Stran - gers by na - ture.

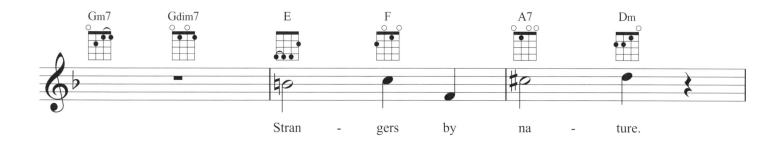

Stran - gers by na - ture.

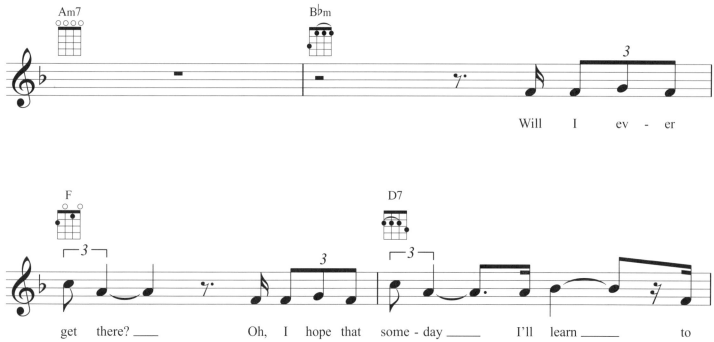

Will I ev - er

get there? _____ Oh, I hope that some - day _____ I'll learn _____ to

EASY ON ME

WORDS AND MUSIC BY ADELE ADKINS AND GREG KURSTIN

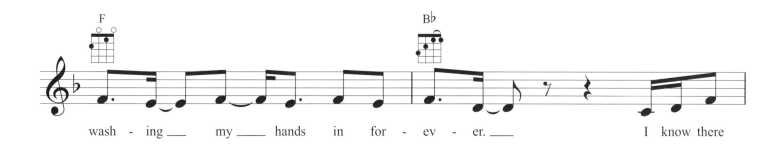

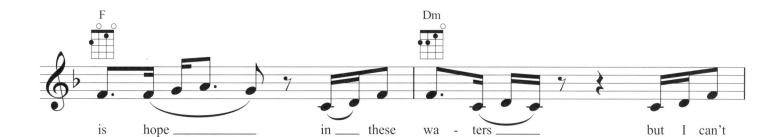

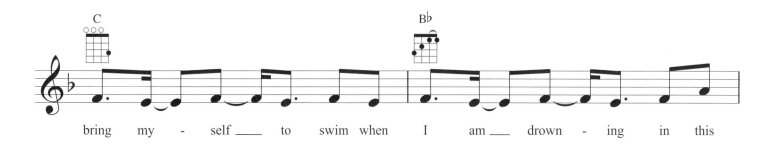

si - lence, ___ ba - by, let me in. ___ Go

Chorus

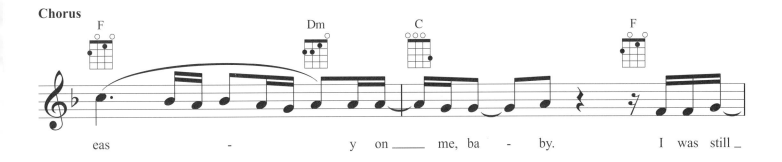

eas - y on ___ me, ba - by. I was still ___

___ a child, ___ did - n't get ___ the chance ___ to

feel ___ the world ___ a - round ___ me. I had no time ___

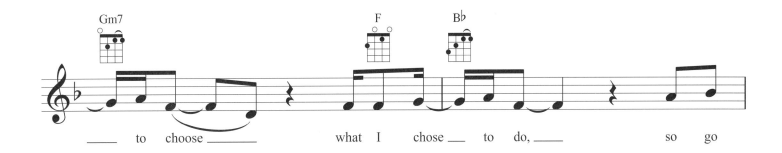

___ to choose ___ what I chose ___ to do, ___ so go

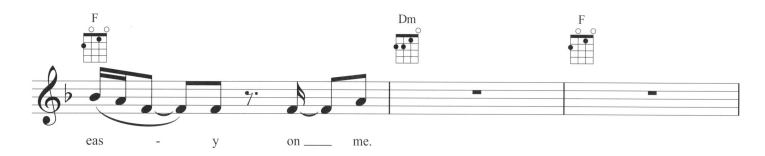

eas - y   on ____ me.

Verse

2. There _ ain't   no   room _____   for _____

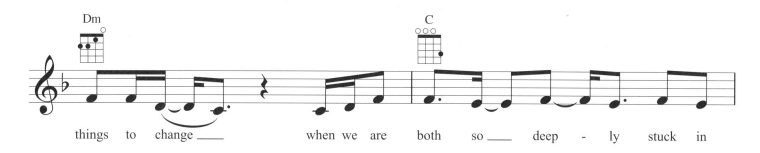

things to change ____   when we are   both so ___ deep - ly stuck in

our   ways. _   You _____ can't de - ny _____   how _ hard

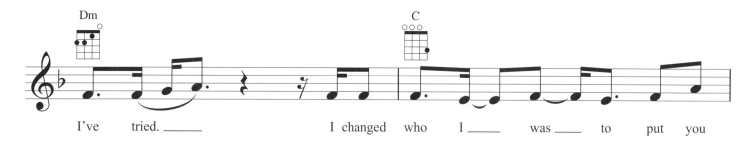

I've tried. _____   I changed who   I ____ was ___ to put you

both first, _ but ___ now I give up. _____   Go

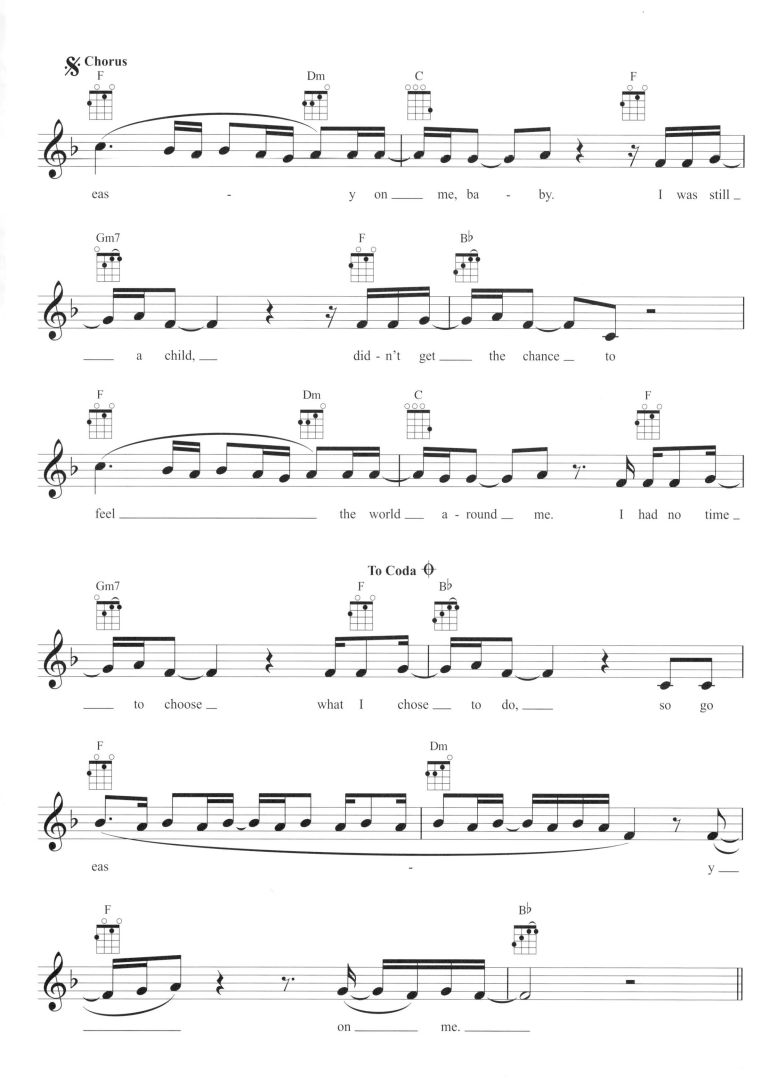

Bridge

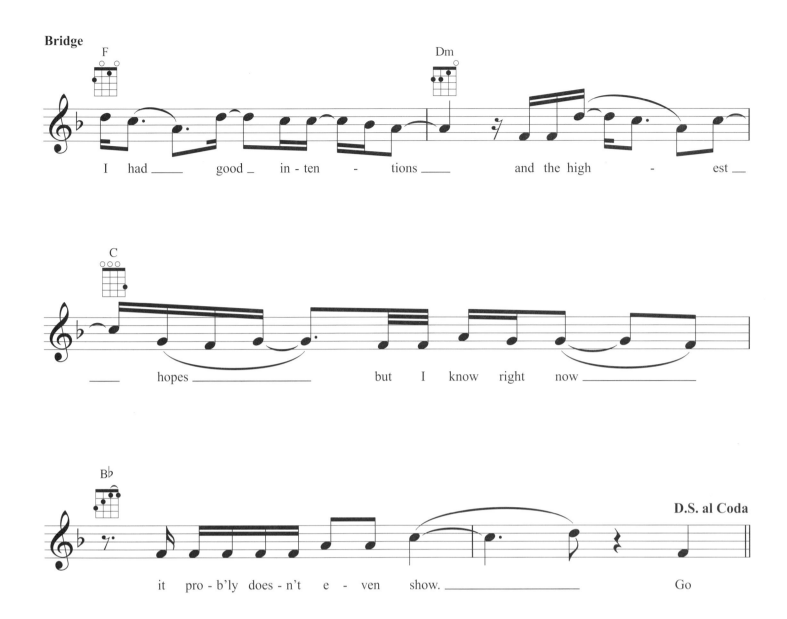

I had ____ good _ in-ten - tions ____ and the high - est _

____ hopes _____ but I know right now _____

D.S. al Coda

it pro-b'ly does-n't e - ven show. _____ Go

CODA

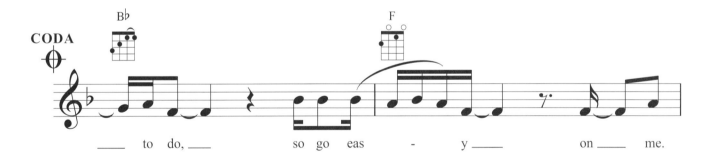

____ to do, ____ so go eas - y ____ on ____ me.

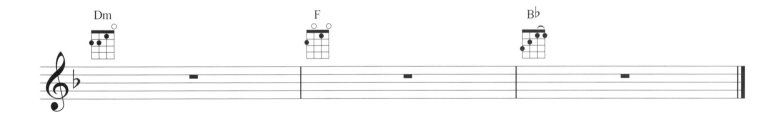

MY LITTLE LOVE

WORDS AND MUSIC BY ADELE ADKINS AND GREG KURSTIN

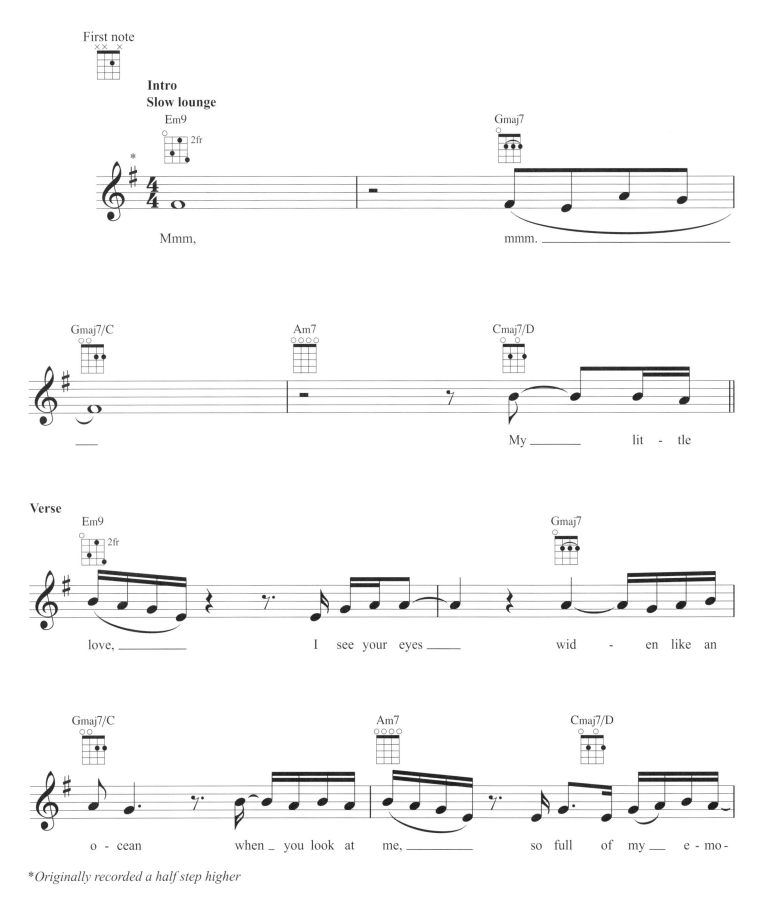

*Originally recorded a half step higher

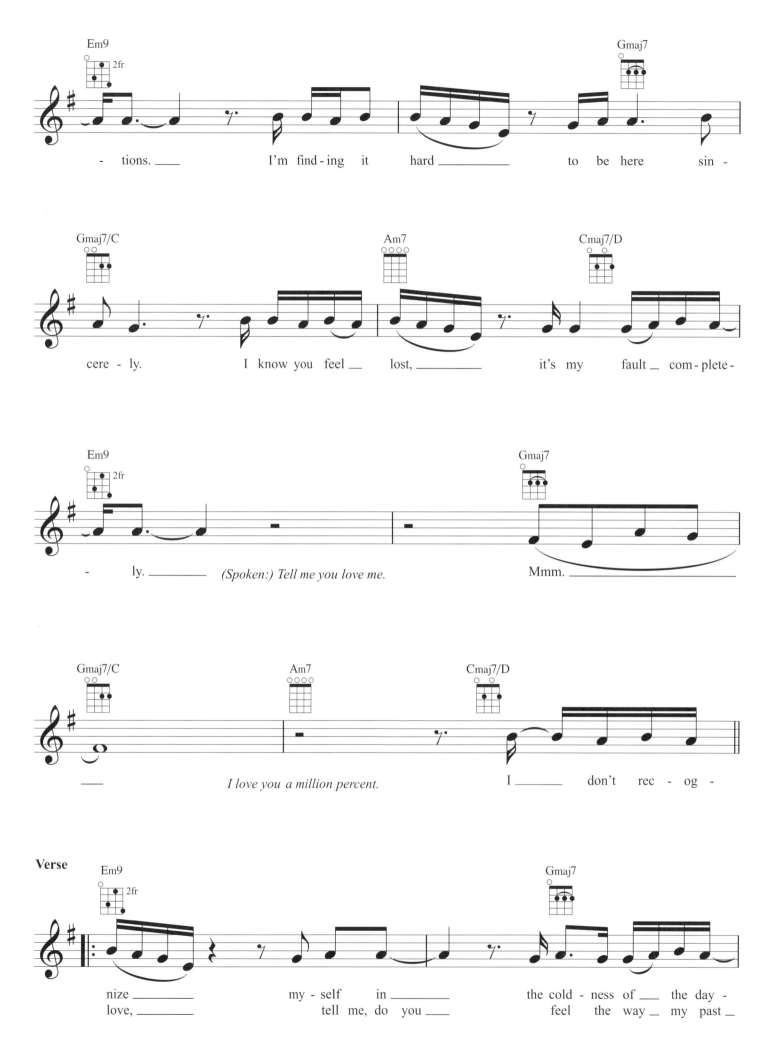

- light. So ___ I ain't sur - prised _____ you can read through all ___ of my ___
___ aches? When you lay on me, _____ can you hear the way ___ my heart ___

___ lies. ___ I ___ feel so bad _____ to be here when I'm so
___ breaks? _ I want-ed you to have _____ ev -'ry - thing ___ I nev-

guil - ty. I'm so far gone _____ and you're the on - ly one who can save ___
er had. I'm so sor - ry _____ if what I've done makes you feel ___

___ me. _____ *Oi, I feel like you don't love me.* *Why do you feel like that?* *Do you like me?*
___ sad. _____ *I love your Dad 'cause he gave you to me.*

You know Mummy doesn't like anyone else like I like you, right?
You're half me and you're half Daddy. *Oh.*

I'm

13

Bridge

Mummy's been having a lot of big feelings recently.

Interlude

Mmm,
Like how?   Just like, the feeling that I have, like…

mmm. _____

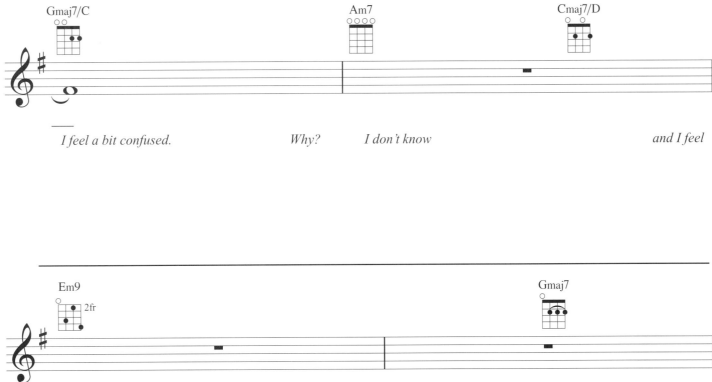

_____
I feel a bit confused.   Why?   I don't know

and I feel

like I don't really know what I'm doing.   Oh, at all?

At all.

And that would make me go…   My _____   lit - tle

Outro

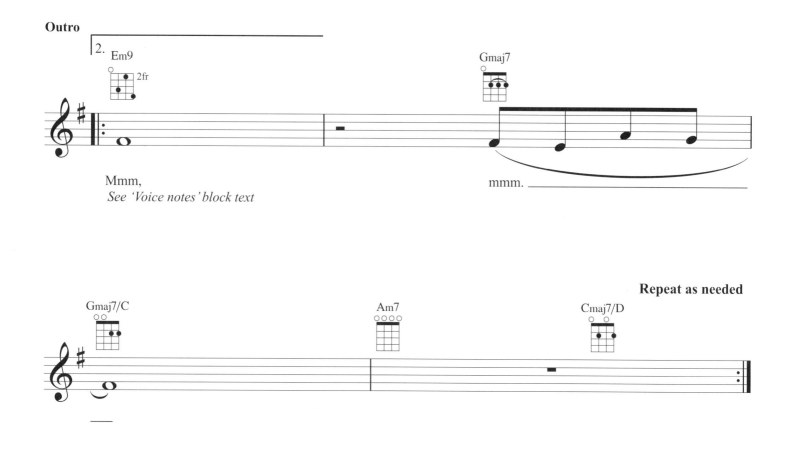

Mmm,
See 'Voice notes' block text

mmm.

Repeat as needed

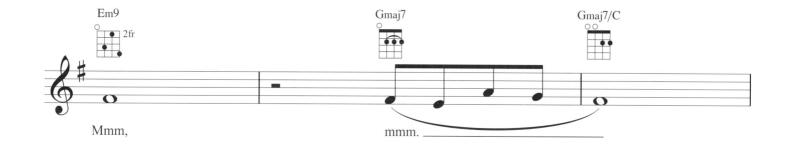

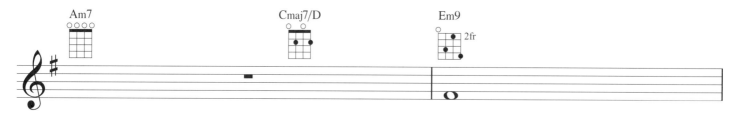

Mmm,

mmm.

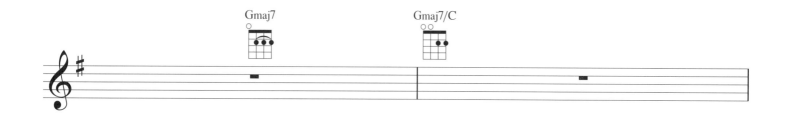

Mmm.

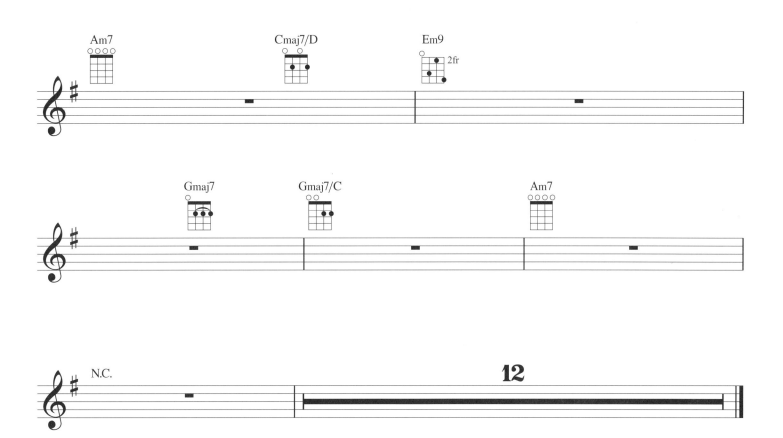

Voice notes

I'm having a bad day, I'm having a very anxious day

I feel very paranoid, I feel very stressed

Um, I have a hangover

Which never helps, but

I feel like today is the first day

Since I left him that I feel lonely

And I never feel lonely,

I love being on my own

I always preferred being on my own than being with people

And I feel like maybe I've been, like, overcompensating

Being out and stuff like that to keep my mind off of it

And I feel like today I'm home, and I wanna be at home I just wanna watch TV

And curl up in a ball and

Be in my sweats and stuff like that, I just feel really lonely

I feel a bit frightened that I might feel like this a lot

CRY YOUR HEART OUT

WORDS AND MUSIC BY ADELE ADKINS AND GREG KURSTIN

nev - er been more scared. _____

Chorus

Cry _____ your heart _____ out, _____ it -'ll

clean _____ your face. _____

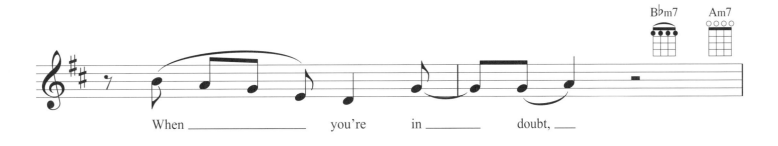

When _____ you're in _____ doubt, _____

go _____ at your own _____ pace.

Cry _____ your heart _____ out, _____ it -'ll

OH MY GOD

WORDS AND MUSIC BY ADELE ADKINS AND GREG KURSTIN

First note

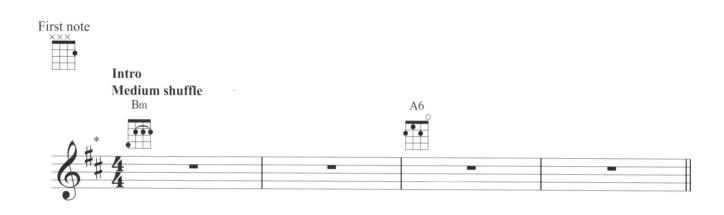

Intro
Medium shuffle

I ain't got too much time to spend _____ but I'll make time _

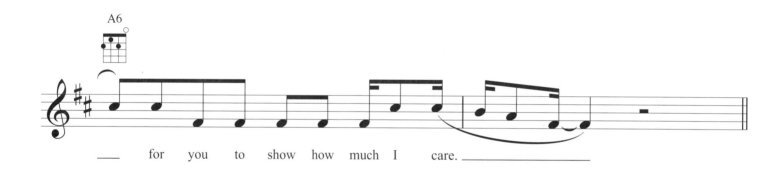

_ for you to show how much I care. _____

Verse

Wish that I would let you break my walls _____ but I'm still spin-
I'm a fool but they all think I'm blind, _____ I'd rath-er be _

Originally recorded a half step lower

26

CAN I GET IT

WORDS AND MUSIC BY ADELE ADKINS, SHELLBACK AND MAX MARTIN

First note

Intro
Medium rock

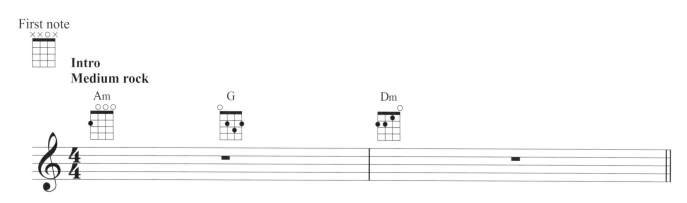

Verse

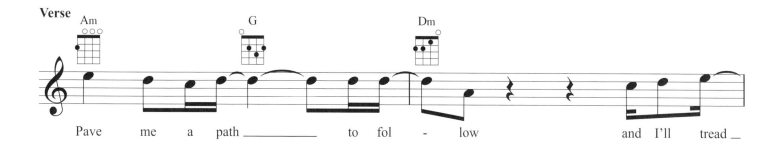

Pave me a path _____ to fol - low and I'll tread __

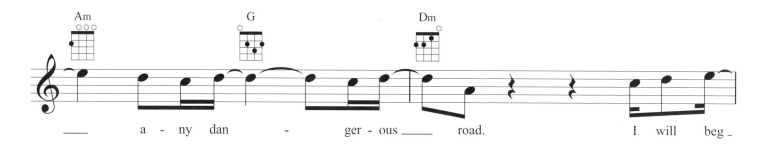

__ a - ny dan - ger - ous __ road. I will beg _

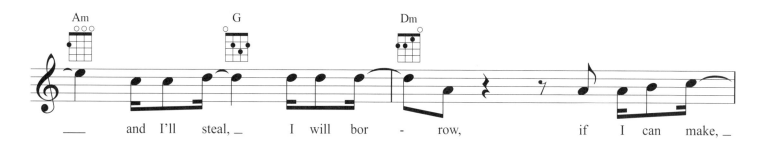

__ and I'll steal, _ I will bor - row, if I can make, _

__ if I can make __ your heart my home.

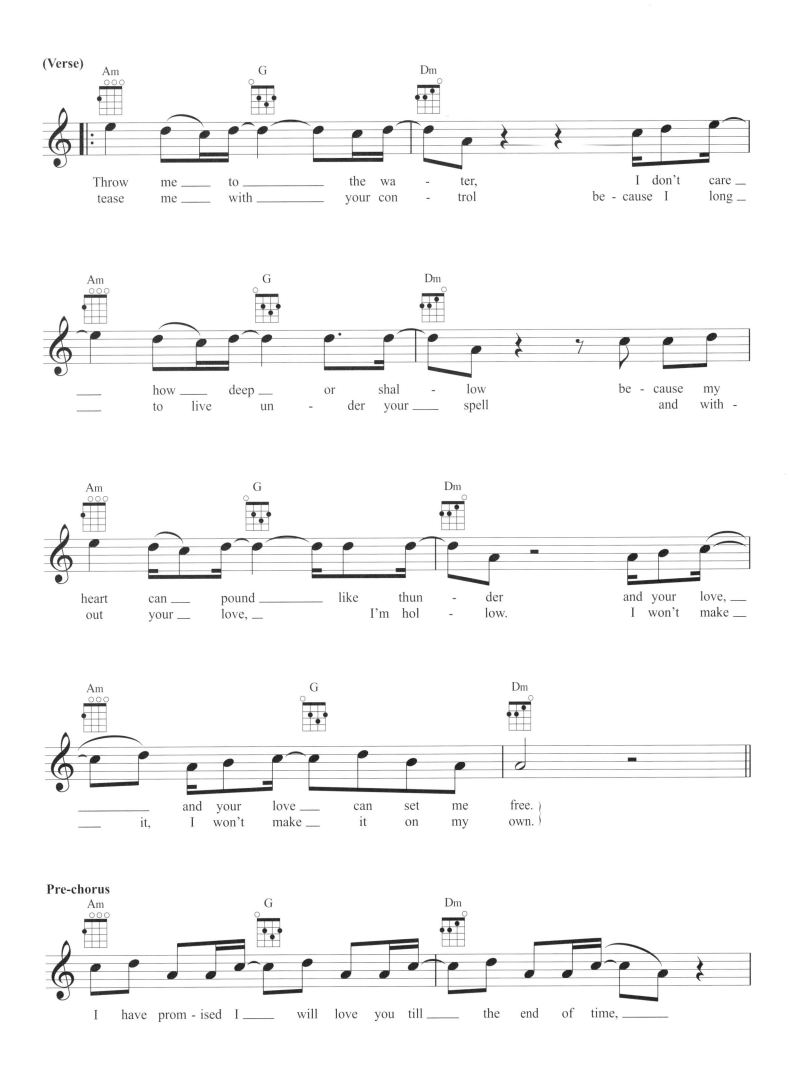

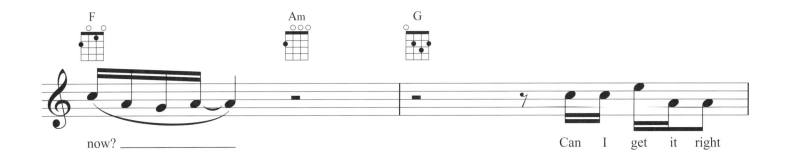

now? _____ Can I get it right

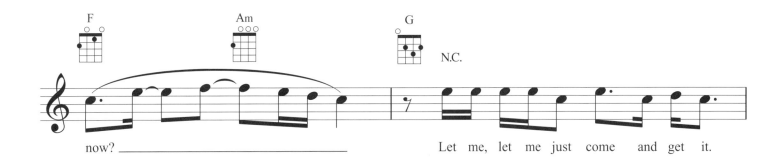

now? _____ Let me, let me just come and get it.

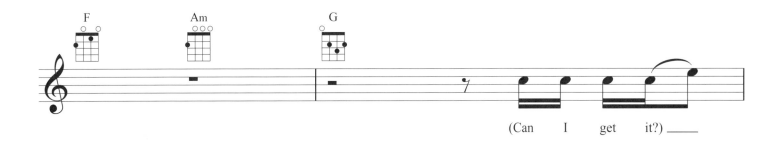

(Can I get it?) _____

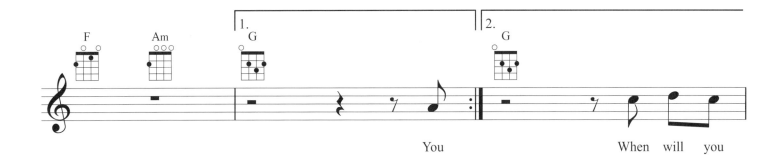

You   When will you

Bridge

run   with me, ___ like I know you want to?   (Like ___ you want to, ___

33

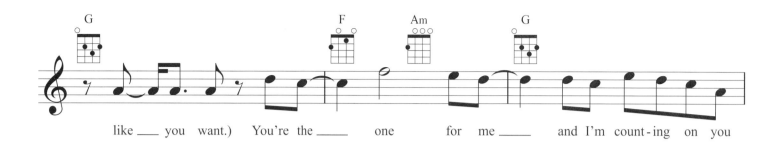

like ___ you want.) You're the ___ one for me ___ and I'm count-ing on you

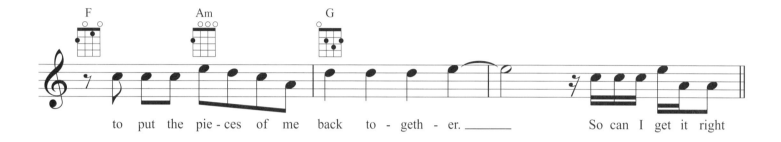

to put the pie - ces of me back to - geth - er. ___ So can I get it right

Chorus

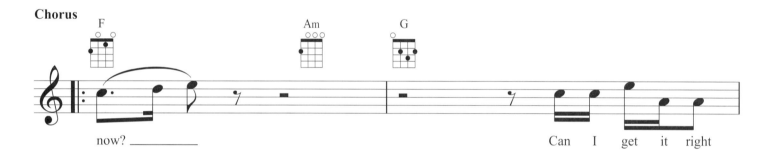

now? ___ Can I get it right

1.

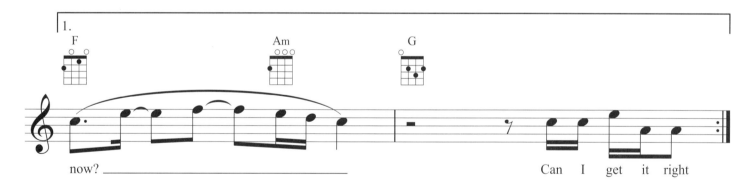

now? ___ Can I get it right

2.

N.C.

now? ___ Let me, let me just come and get it.

I DRINK WINE

WORDS AND MUSIC BY ADELE ADKINS AND GREG KURSTIN

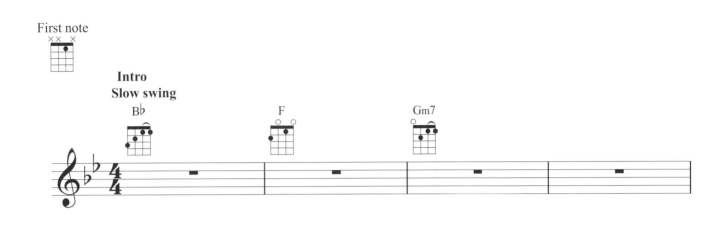

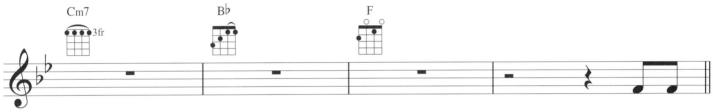

How can one be-come so bound-ed by choic-es that some-bod-y _____

___ else makes? _ How come we've both ___ be-come a ver-sion of a

per-son we don't __ e-ven like? We're in love _

____ with the world __ but the world ___ just wants to   bring us _____ down ____

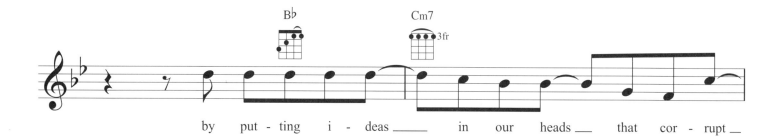

by   put - ting   i - deas ____   in   our   heads ___   that   cor - rupt __

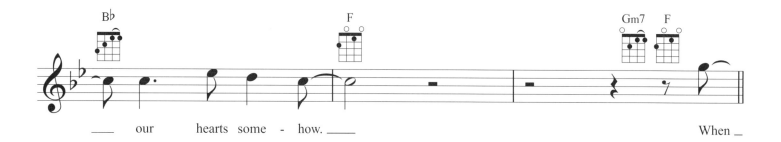

____   our   hearts   some - how. ____   When __

Verse

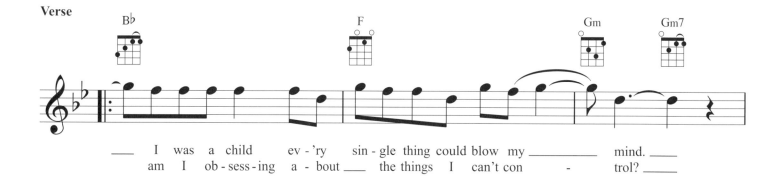

____ I   was   a   child   ev - 'ry   sin - gle   thing   could   blow   my _____   mind. ____

am   I   ob - sess - ing   a - bout ___   the   things   I   can't   con   -   trol? ___

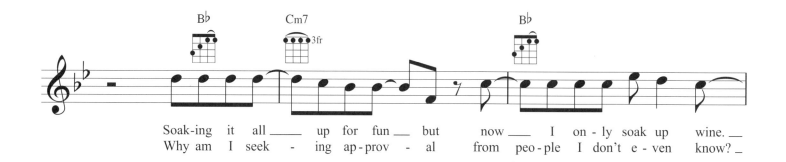

Soak - ing   it   all _____   up   for   fun ___   but   now ___   I   on - ly   soak   up   wine. __

Why   am   I   seek - ing   ap - prov - al   from   peo - ple   I   don't   e - ven   know? _

Bridge

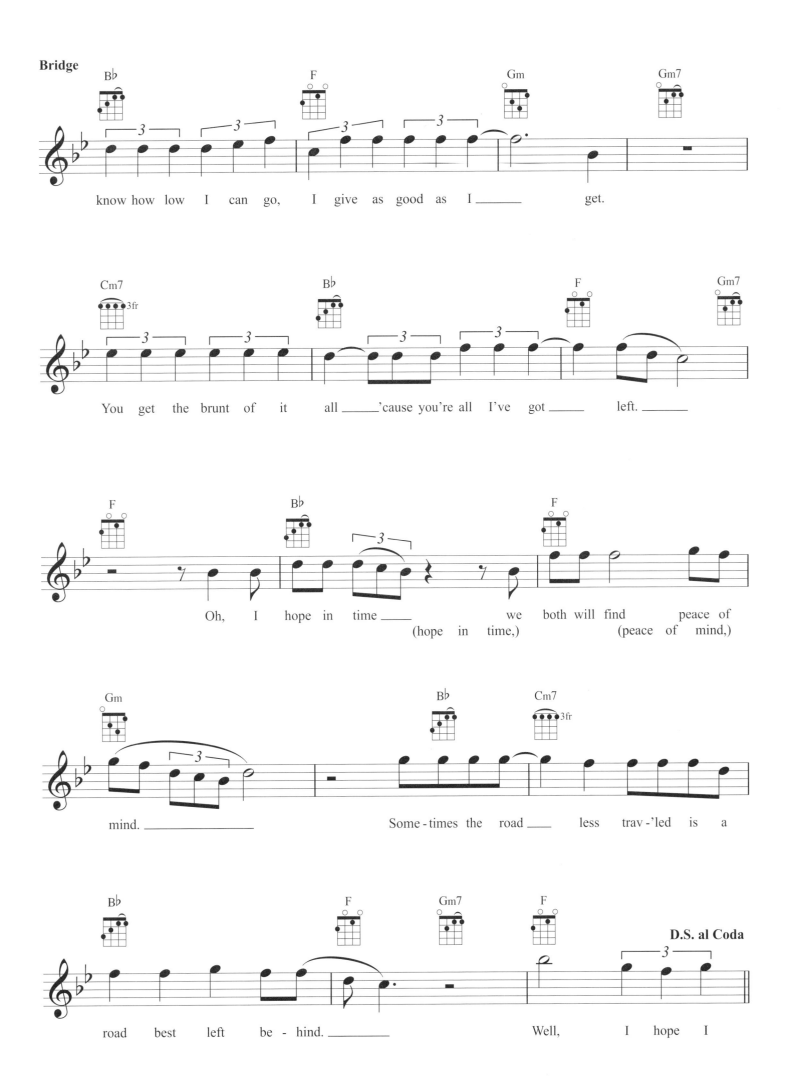

CODA

You bet-ter be-lieve I'm try - ing to keep
(try - ing, try - ing,)

climb - ing but the high - er we climb _ feels like _
(climb - ing, climb - ing)

___ we're both none the wis - er. _____

Spoken: The only regret I have,

I wish that it was just at a different time.   *A most turbulent*

period of my life.   *Why would I put that on you?*

That's just, like, a very heavy thing to have to talk about   *but because of that*

period of time,   *even though it was so much fun,*   *I didn't get to go on and make new*

memories with him,   *there was just memories in a big storm.*

ALL NIGHT PARKING
(INTERLUDE)

WORDS AND MUSIC BY ADELE ADKINS AND ERROLL GARNER

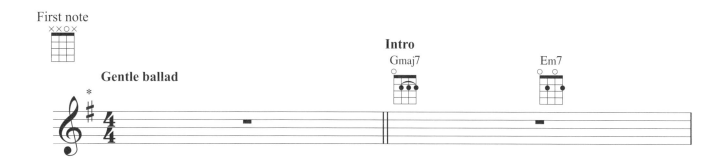

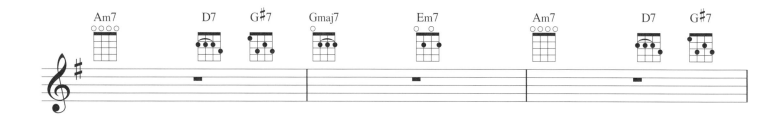

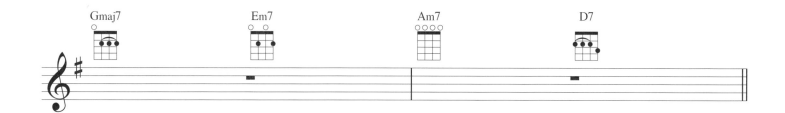

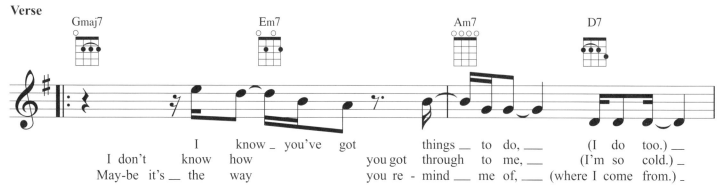

I know _ you've got   things __ to do, ___ (I do too.) __
I don't know how   you got through to me, __ (I'm so cold.) _
May-be it's _ the way   you re - mind __ me of, ___ (where I come from.) _

*Originally recorded a half step higher

WOMAN LIKE ME

WORDS AND MUSIC BY ADELE ADKINS AND DEAN JOSIAH COVER

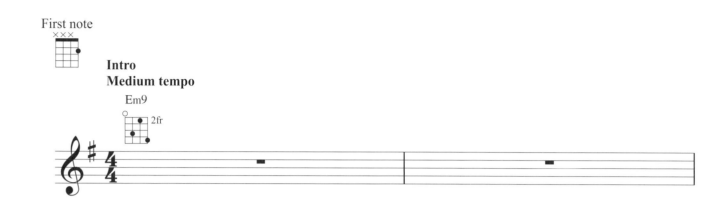

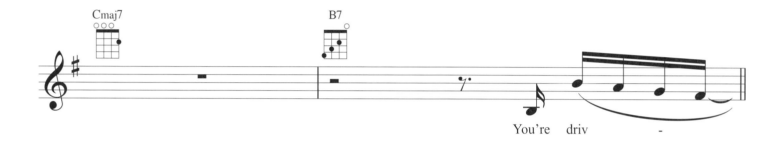

You're driv -

\- ing me a - way,   give me a rea - son __ to stay.   I want to be

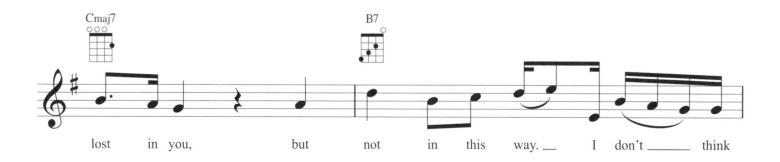

lost   in you,   but   not   in this way. __   I don't _____ think

this could _ be. I real - ly hope that this would go some -

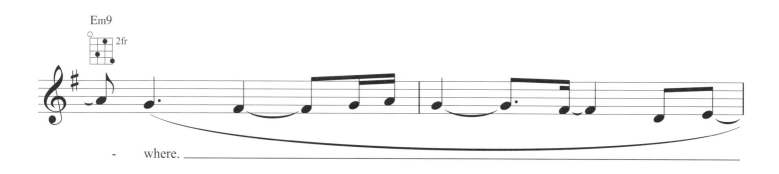

- where. _____

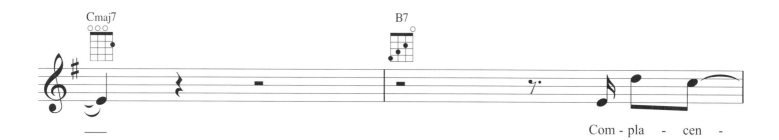

__ Com - pla - cen -

Chorus

- cy is the worst trait to have, are you cra -

- zy? You ain't ev - er had, __ ain't ev - er had a wom - an like _

_____ me.   It is so _____ sad _____   a man like

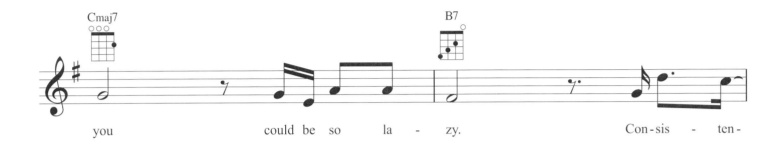

you   could be so la - zy.   Con - sis - ten-

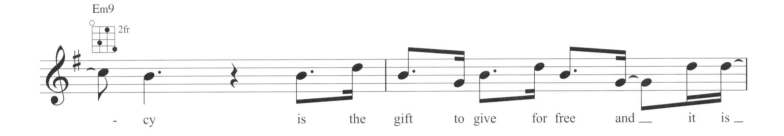

- cy   is the gift to give for free and _____ it is _____

_____ key   to ev - er keep, _____ to ev - er keep a wom - an _____

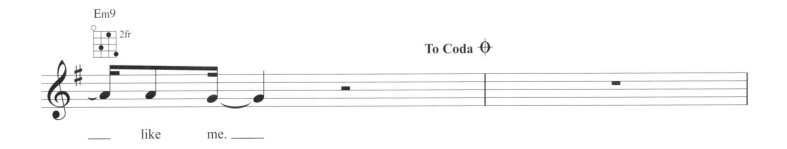

_____ like me. _____

47

All _____ you

Verse

do is ___ com - plain ___ a - bout ___ de - ci - sions ___ you make. ___ How can I

help lift ___ you if you re - fuse to ac - ti - vate the life _____

that you tru - ly want? ___ I know ___ it's hard but it's not. ___ We come from the

same place, ___ but you will nev - er give it up. It's where they make

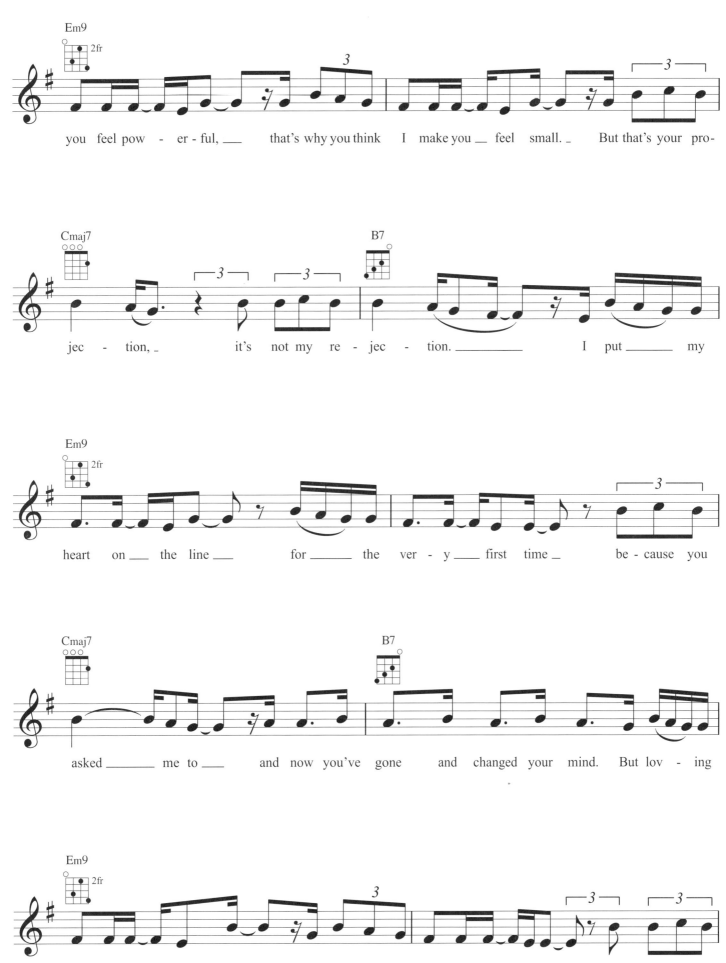

Em9

you feel pow - er - ful, ___ that's why you think I make you ___ feel small. ___ But that's your pro-

Cmaj7   B7

jec - tion, _ it's not my re - jec - tion. _____ I put _____ my

Em9

heart on ___ the line ___ for _____ the ver - y ___ first time _ be - cause you

Cmaj7   B7

asked _____ me to ___ and now you've gone and changed your mind. But lov - ing

Em9

you was a ___ break - through, _ I saw what my heart can real - ly do. ___ Now some oth - er

man will — get the love I have for you 'cause you don't ___ care. ___

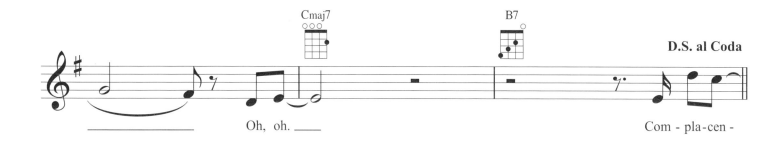

D.S. al Coda

___ Oh, oh. ___ Com - pla - cen -

CODA

A wom - an like ___ me. ___

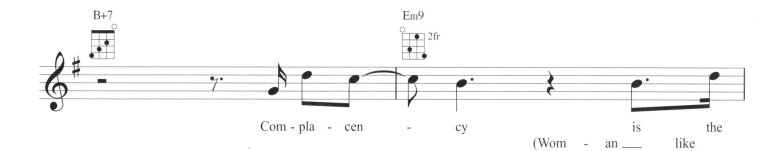

Com - pla - cen - cy is the

(Wom - an ___ like

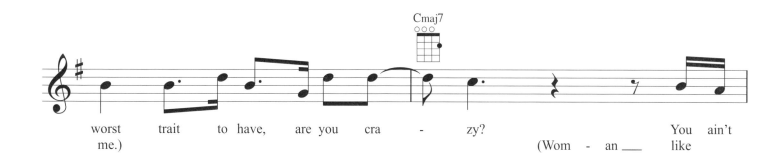

worst trait to have, are you cra - zy? You ain't

me.) (Wom - an ___ like

50

ever had, __ ain't ev - er had a wom-an like _____ me. It is
me.)

so _____ sad _____ a man like you   could be so la -

zy.   Con - sis - ten - cy   is   the
(Wom - an _____ like me.)   (Wom - an _____ like

gift   to give for free and __ it is _____ key   to
me.)

ev - er keep, __ to ev - er keep a wom-an like _____ me. _____

HOLD ON

WORDS AND MUSIC BY ADELE ADKINS AND DEAN JOSIAH COVER

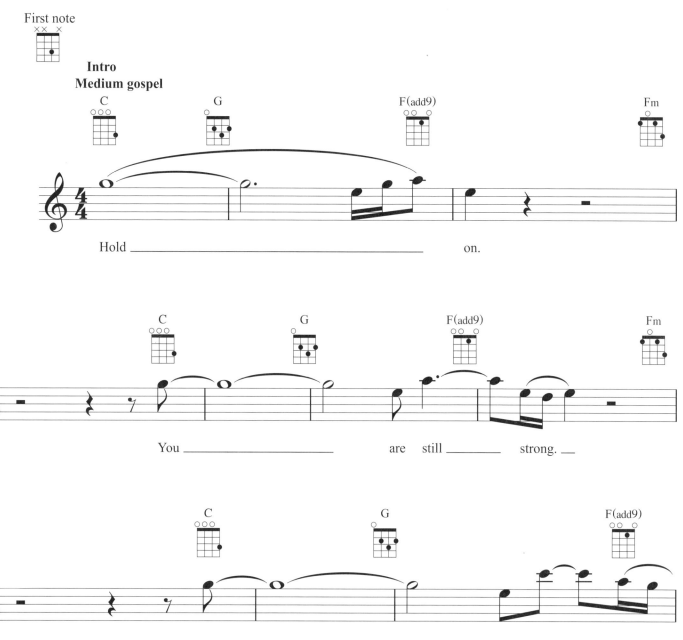

Hold _____ on.

You _____ are still _____ strong. ___

Love _____ will soon ___ come. ___

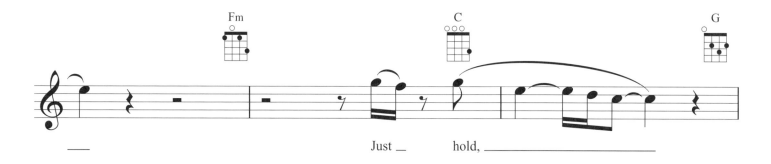

Just ___ hold, _____

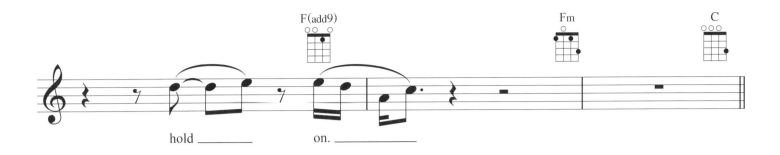

hold _____ on. _____

Verse

Oh, what have _____ I ____ done, ____ yet _____ a - gain? ____

Have I _____ not learned ___ a - ny - thing? ___

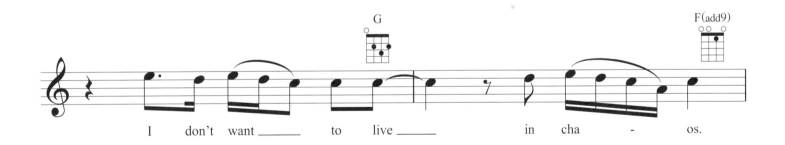

I don't want _____ to live _____ in cha - os.

It's like a ride ___ that I want ___ to get off. _____

53

It's hard to hold ___ on - to ___ who ___ I am when I'm stum - bling in the

dark for a hand. _____ I am so tired _____

of bat - tling ___ with my - self, ___ with no chance _____ to win. __

Chorus

Hold _____ on. Let time __

___ be pa - tient. _____ You _____ are still ___

strong. ____ Let pain ____ be gra - cious. _____ Love _____

____ will soon ____ come. _____ Just ____

hold, _____ hold _____ on. _____

I swear to God, ____ I am ____ such ____ a mess,

the hard - er that I try, I re - gress. __ I'm ____ my __ own worst

en - e-my right now, ____ I tru - ly hate be-ing me. _____

Ev - 'ry day ___ feels like ___ the road ___ I'm on, might just o - pen up and

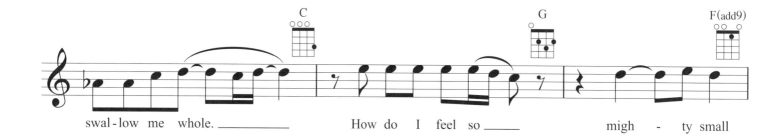

swal - low me whole. ___ How do I feel so ___ migh - ty small

when I'm strug - gl - ing to feel at all? ___ I just hold ___

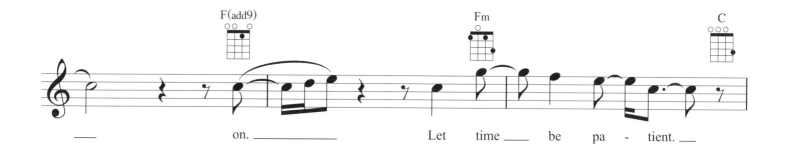

___ on. ___ Let time ___ be pa - tient. ___

You ___ are still strong. ___ Let pain ___

_____ be gra - cious. _____

_____   Just _____ hold, _____
(You, _____ just hold on.

_____   You, _ just hold _____ on. _____   You, _____ just hold on,   just hold   on.)   Some - times

Bridge

lone - li - ness   is the on - ly rest   we _____ get

and the emp - ti - ness   ac - tual - ly lets _____ us for -
(Just hold on,   just hold on.)

Outro

Love _____ will soon come, _____ ba - by, _____ if you

just __ hold on. Hold on, hold on, hold ____ on, hoid _____

1. on. _____ Just let time be __ pa - tient.

2. on. _____ If you just ____ hold on.

(You, _ just hold on. __ You, _ just hold on. __ You, _ just hold on. __

1. You, _ just hold on.) __ **2.** Just hold on, _ just hold on.) __

59

TO BE LOVED

WORDS AND MUSIC BY ADELE ADKINS AND TOBIAS JESSO

First note

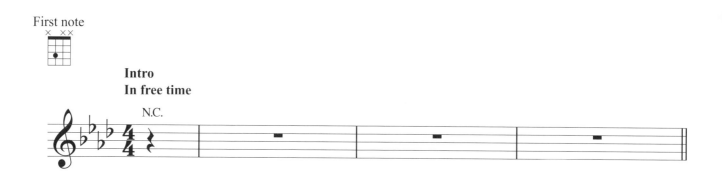

Intro
In free time

I built a house for a love ____ to ____ grow, ____
I'm so a - fraid but I'm o - pen ____ wide, ____

I was so young _____ that it was hard to know. ____
I'll be the one _____ to catch my - self this time.

I'm as lost now ____ as I _____ was ____ back then,
Tryin' to learn to lean in - to ____ it all,

al - ways make a mess of ev - 'ry - thing. __
ain't it fun - ny how ____ the ____ migh - ty fall? __

It's a - bout time that I face ____ my - self, ____
Look - ing back ___ I don't re - gret ____ a ____ thing, __

all I do is bleed ____ in - to some - one else. __
yeah, I took some bad turns ____ that I'm own - ing. __

Paint - ing walls with all my ____ se - cret tears, __
I'll stand still ____ and let the storm pass by, ____

fill - ing rooms ___ with all my ____ hopes and fears. __
keep my heart safe ____ 'til the time feels right. }

But

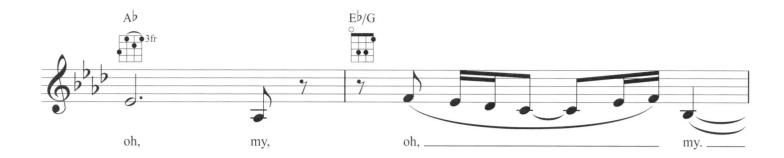

oh,   my,   oh, _____ my. ____

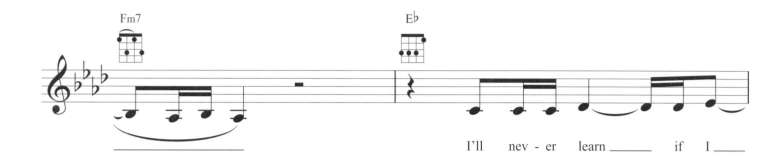

_____   I'll nev - er learn ____ if I ____

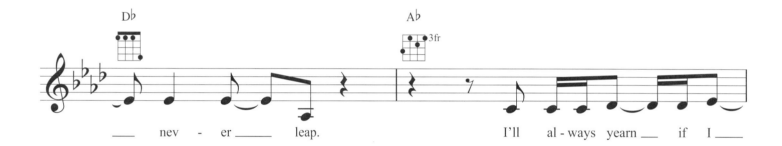

____ nev - er ____ leap.   I'll al - ways yearn ___ if I ____

____ nev - er _____ speak. _____

Chorus

To   be loved _____ and love _____ at the high - est count,

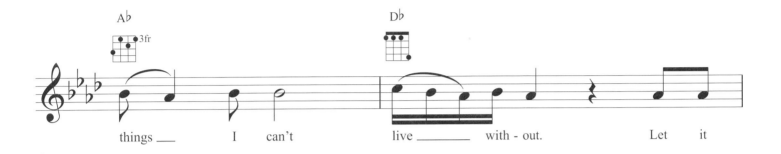

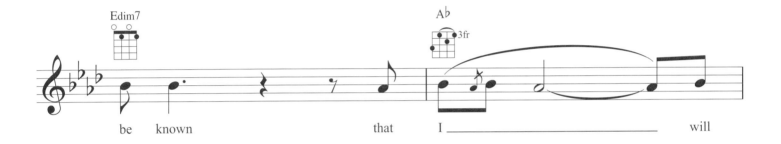

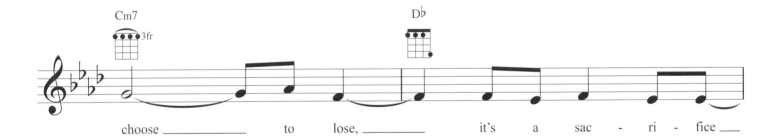

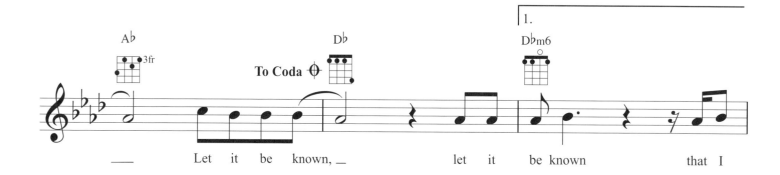

Let it be known, — let it be known that I

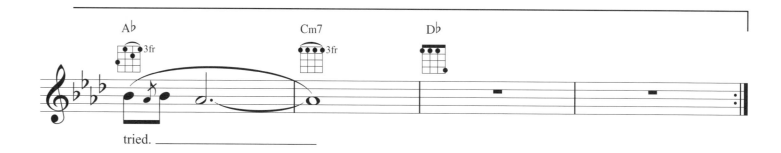

tried. _____

Bridge

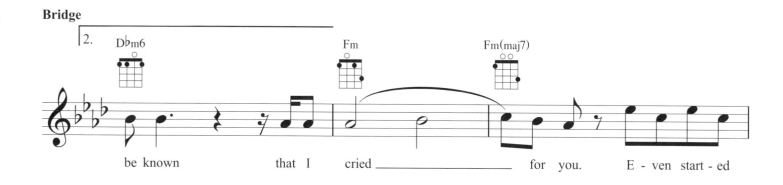

be known that I cried _____ for you. E - ven start - ed

ly - ing _____ to you, — what a thing to do.

All be - cause I _____ want - ed

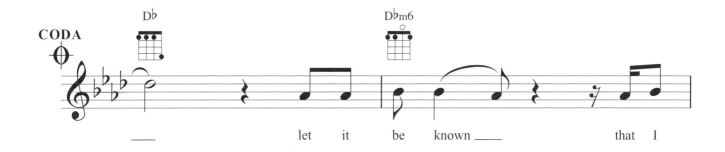

CODA

let it be known _____ that I

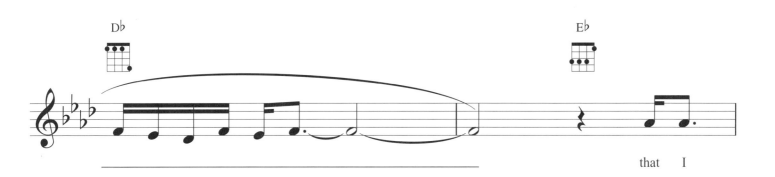

tried, _____

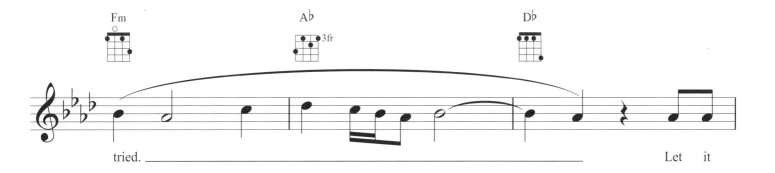

that I

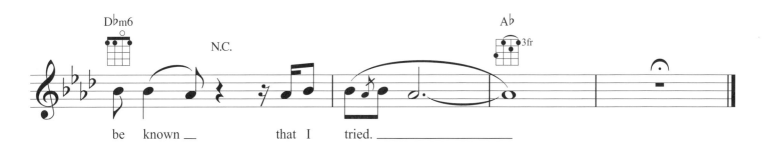

tried. _____ Let it

be known __ that I tried. _____

LOVE IS A GAME

WORDS AND MUSIC BY ADELE ADKINS AND DEAN JOSIAH COVER

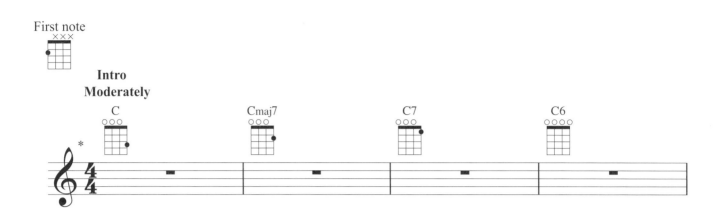

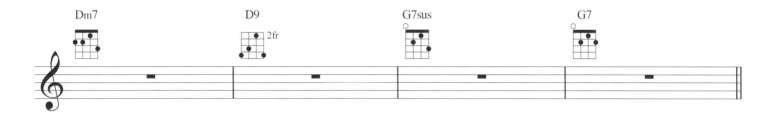

*Originally recorded a half step higher

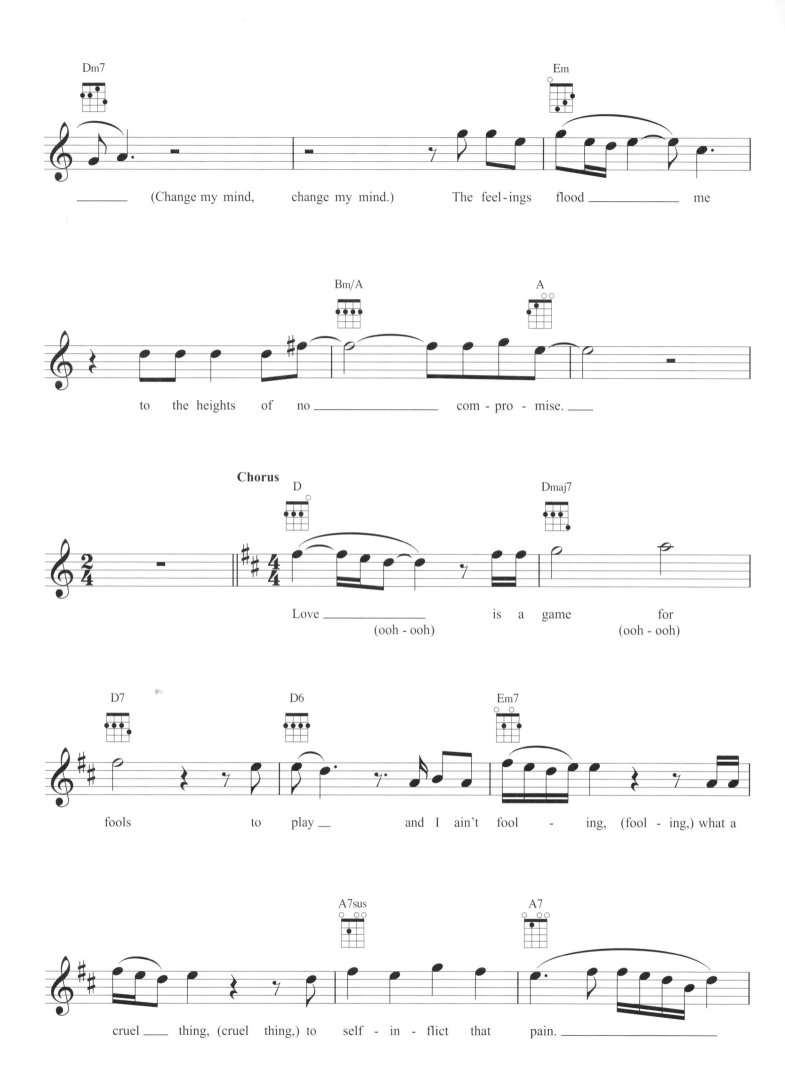

(Change my mind,　　change my mind.)　The feel-ings flood _____ me

to　the heights　of　no _____ com - pro - mise. ___

Chorus

Love _____ is a game for
(ooh - ooh)　　　　　　　(ooh - ooh)

fools　　　to play __　and I ain't fool - ing, (fool - ing,) what a

cruel ___ thing, (cruel thing,) to　self - in - flict that　pain. _____ and a

Love _____ is a game for fools to
(ooh - ooh,)   (ooh - ooh,)

play ____ and I ain't fool - ing, (fool - ing,) what a

cruel thing, (cruel thing,) to self - in - flict _____ that

pain. _____

Outro

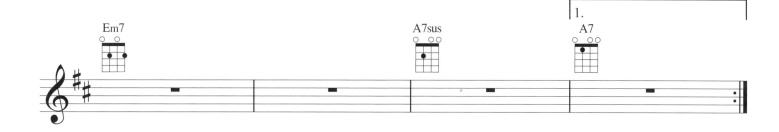

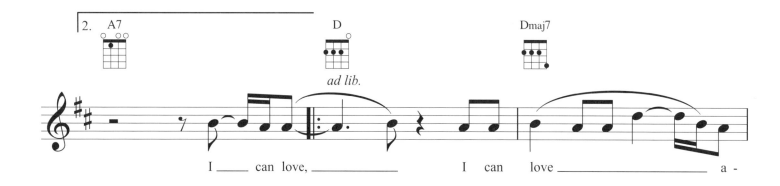

I ____ can love, _____ I can love _____ a-

gain. _____ I love me now, like ____ I ____

loved ____ him, _____ I'm a fool ____ for that. ___

Repeat and fade

You know I, you know I'm ____ gon-na do it. Oh. ____